SKATEBOARD

CATALOGAGE AVANT PUBLICATION DE LA BIBLIOTHÈQUE NATIONALE DU CANADA

Powell, Ben

Skateboard

(Sports extrêmes)
Traduction de : Skateboarding.
Pour les jeunes.

ISBN 2-89000-608-5

1. Planche à roulettes (Sport) - Ouvrages pour la jeunesse.
2. Sports extrêmes - Ouvrages pour la jeunesse. I. Titre.
II. Collection : Sports extrêmes (Saint-Constant, Québec).

GV859.8.P6914 2003   j796.22   C2003-941113-3

Pour l'aide à la réalisation de son programme éditorial, l'éditeur remercie :

Le Gouvernement du Canada par l'entremise du Programme d'Aide au Développement
    de l'Industrie de l'Édition (PADIÉ) ;
La Société de Développement des Entreprises Culturelles (SODEC) ;
L'Association pour l'Exportation du Livre Canadien (AELC).
Le Gouvernement du Québec - Programme de crédit d'impôt pour l'édition de livres - Gestion SODEC.

Titre original : Skateboarding
Copyright © Ben Powell
Produit par : David West Children's Books
Recherche photographique : Carlotta Cooper
Designer : Gary Jeffrey
Éditeur : James Pickering

Première parution en Grande-Bretagne par :
Raintree, Halley Court, Jordan Hill.
Raintree est une marque déposée de Harcourt
Education Ltd.

Copyright © David West Children's Books 2003

Pour l'édition en langue française :
Adapté et traduit par : Anne-Marie Courtemanche
Révision : Marcel Broquet
Éditeur : Antoine Broquet

Pour la version française : Broquet inc.
Copyright © Ottawa 2003
Depôt légal - Bibliothèque nationale du Québec
3e trimestre 2003

Imprimé en Malaisie

ISBN 2-89000-608-5

Remerciements
L'éditeur souhaite remercier pour leur permission de reproduire des photos :
Abréviations : h-haut, m-milieu, b-bas, d-droite, g-gauche, c-centre.

Page couverture - Corbis Images. Pages 4-5, 6g & bd, 7h, 8hd, 9g, 10-11, 18bg, 20hd - Will Linford. 5bd, 8g, 11md, 12-13h, 15hd, 16h, 21h, 22-23, 24 toutes, 26-27b, 28g - Buzz Pictures. 6hd, 14hg, 16b - Corbis Images. 7b, 25h - The Kobal Collection/AGI Orsi Productions/Vans off the Wall/Darrin, Pat. 8bd, 9d, 19bd, 20hg & bg, 21b, 22g, 26g, 29 toutes - Leo Sharpe. 10bg - Rex Features Ltd. 11bg & bd, 13h - Ben Powell. 25d - Lynn Cooper Productions LLC. 24-25b, 28hd - Andy Horsely. 26-27h - Steve Glidewell.

Tous les efforts ont été faits dans le but de contacter les détenteurs de droits d'auteur du matériel reproduit dans ce livre. Toute omission sera rectifiée lors de réimpressions si avis est donné aux éditeurs.

Des définitions des termes les plus compliqués sont proposées au glossaire, en page 31.

sports extrêmes

SKATEBOARD

Ben Powell

 **Broquet**

97-B, Montée des Bouleaux, Saint-Constant, Qc, Canada, J5A 1A9
Tél. : (450) 638-3338 / Télécopieur : (450) 638-4338
Site Internet : www.broquet.qc.ca / Courriel : info@broquet.qc.ca

CONTENU

Introduction

Le skateboard a été inventé il y a environ 50 ans par des surfeurs qui souhaitaient pratiquer leur sport sur la terre ferme lorsqu'il leur était impossible de le faire entre deux vagues. On ne comptait alors que très peu d'adeptes et, contrairement à aujourd'hui, les planches sur lesquelles ils s'exerçaient étaient souvent de mauvaise qualité et mal assemblées. Aujourd'hui, le skateboard est une immense industrie à l'échelle planétaire, et le sport s'adresse à tous! Experts ou débutants, peu importe, c'est le plaisir qui compte. Certains s'amusent à défiler dans les rues. D'autres préfèrent les risques des immenses rampes verticales, des escaliers ou des rampes d'escalier. Monte sur ta planche, donne-toi un élan et amuse-toi!

S'AMUSER TOUT SIMPLEMENT

Le skateboard n'a pas de limites, pas de règles, et encore moins d'équipes ou de records à battre. Il existe juste pour le plaisir, tout simplement!

LA SÉCURITÉ D'ABORD

Il est toujours préférable de porter un casque quand tu montes sur ta planche.

ATTENTION!
LE SKATEBOARD EST UN SPORT QUI PEUT S'AVÉRER **EXTRÊMEMENT DANGEREUX**. NE TENTE JAMAIS DES MANOEUVRES **AU-DELÀ DE TES CAPACITÉS** ET PORTE TOUJOURS L'ÉQUIPEMENT DE PROTECTION APPROPRIÉ.

Les débuts

Les premières planches étaient faites à partir de karts de bois ressemblant à des boîtes à savon. On n'avait qu'à déshabiller le kart et ne garder que la base pour obtenir une planche de skateboard.

La folie commence

À la fin des années 1950, les fabricants de jouets américains et européens ont compris que le skateboard aurait du succès et ils ont commencé à mettre en marché les premières planches de fabrication commerciale. Ayant la forme d'une planche de surf, ces skateboards nous semblent très vieux aujourd'hui. Même à l'époque, leurs roues se désintégraient en quelques heures...

Ce n'est que dans les années 1960 que le skateboard a réellement commencé à rouler ! Le sport est alors accepté sur la scène californienne du surf et, pour la première fois depuis sa création, les planches de skateboard sont perçues comme étant plus que des jouets pour enfants.

KICKTURN

Un planchiste d'une autre époque réalise un *kickturn* (soulève les roues avant) sur un circuit en béton.

DESIGN

Les premiers skateboards avaient la forme d'une planche de surf, avec un nez et un talon.

FULLPIPE

Les planchistes se sont rapidement intéressés à toutes sortes d'obstacles. Un *fullpipe*, soit un tuyau complet (à gauche) est un mur circulaire – pour en faire le tour, il faut rouler la tête en bas !

✿ POLYURÉTHANNE

Les roues de plastique polyuréthanne ont été inventées en 1973. Elles permettent aux planchistes de s'attaquer à presque toutes les surfaces.

Boom... de popularité

Le skateboard fut particulièrement populaire entre 1975 et 1978. Du jour au lendemain, les meilleurs planchistes sont devenus des stars. D'immenses skate-parks de béton se sont construits et les affaires touchant le skateboard sont devenues des affaires en or ! Le skateboard était alors utilisé pour publiciser une pléiade de produits, des boissons gazeuses en passant par les jouets, et partout dans le monde, des millions de personnes ont attrapé la fièvre du skateboard.

✿ VIVE LES PISCINES

La plupart des trucs de base et des techniques qui sont toujours utilisées aujourd'hui ont été inventés dans des piscines vides comme celle-ci. Leur surface de béton les rendaient pourtant plutôt dangereuses.

Fin des beaux jours

Malheureusement, le boom de popularité du skateboard dans les années 1970 n'a pas duré. Des planchistes ont intenté des poursuites à la suite de blessures survenues dans des skate-parks. Certains parcs de l'époque étaient mal conçus et ont depuis belle lurette fermé leurs portes. La plupart des skate-parks publics a été démolie pour redevenir des aires de stationnement. Résultat, de nombreux fabricants de planches ont aussi fermé leurs portes puisque les endroits où il était possible de pratiquer étaient devenus rarissimes et que moins de personnes étaient donc intéressées à acheter des planches.

Une résistance au fond de la cour

Le skateboard s'est carrément démodé au début des années 1980. Néanmoins, une petite bande de planchistes a gardé le sport bien vivant. Ces adeptes savaient qu'ils ne pouvaient plus compter sur les skate-parks construits en un jour et qui disparaissaient le lendemain.

Effondrement du marché

Les compagnies qui avaient mis tant d'efforts à soutenir le skateboard dans les années 1970 souhaitaient générer rapidement de l'argent et elles étaient rarement intéressées à la survie à long terme du sport. Il faut dire que le skateboard était sorti de l'obscurité pour devenir extrêmement populaire et ensuite replonger dans le noir en seulement cinq ans. Mais les planchistes les plus sérieux étaient déterminés à voir le sport survivre. Ils ont donc commencé à personnaliser et à adapter leurs planches pour qu'elle répondent mieux à leurs besoins. C'est ce que font toujours les planchistes aujourd'hui.

FABIAN KRAVETZ
Fabian Kravetz était un planchiste de style libre qui fut très populaire dans les années 1980. Il a placé sur sa planche une caricature de lui-même.

KICKFLIP
Jamie Bolland est une autre star du monde du skateboard dans les années 1980. Il fait ici la démonstration d'un *kickflip* (voir page 18).

MIKE MCGILL
Mike McGill fait la démonstration d'une figure aérienne lors d'une démonstration verticale à la fin des années 1980.

Prise d'assaut

Même au cours des années 1980, il était encore possible d'acheter des produits de qualité liés à l'univers du skateboard. Probablement parce que ceux qui dirigeaient les entreprises fabriquant ces produits étaient d'abord et avant tout des planchistes... Les planchistes professionnels comme Stacey Peralta et Tony Alva se sont lancés en affaires pour fabriquer des planches destinées à un petit marché de planchistes convaincus.

Retour à la rue

Les planchistes sont alors à la recherche d'alternatives 'naturelles' aux obstacles construits de main d'homme, installés dans les skate-parks. Les piscines creusées évidemment vides, les terrains de jeu inclinés, les rampes et les escaliers s'avèrent populaires. Les adeptes construisent de petites rampes et des demi tuyaux en bois (deux murs dont la pente est progressive) reproduisant les obstacles que l'on retrouvait dans les skate-parks, à un coût raisonnable. Le skateboard est donc retourné à ses racines et est redevenu un sport de rue, loin des règlements et des lois du milieu des années 1970.

PLUS HAUT, PLUS LOIN

Un planchiste passe par-dessus une rampe pour retomber sur la vague de béton d'un parc urbain. Réaliser ce type de manoeuvre extrême sans équipement de protection est très dangereux.

PLANCHES GRAND FORMAT

Les planches fabriquées dans les années 1980 étaient beaucoup plus larges et beaucoup plus lourdes que celles du passé !

Marginalité

Lentement et sûrement, l'intérêt pour le skateboard a repris du poil de la bête alors que les planchistes prenaient le contrôle de l'industrie. Le skateboard était devenu essentiel; et une part permanente de la culture de la rue. Les fabricants de skateboards et les publicitaires tentèrent d'intéresser le marché des marginaux, alors que les dernières tendances de la mode et de la musique se joignaient fidèlement au sport. Le skateboard venait de dépasser le stade de la simple mode passagère.

Évolution - la rue

Le skateboard a toujours été divisé en disciplines bien distinctes. On compte trois groupes bien différents : *bowl* (sur rampe), *freestyle* ou style libre (sur surface plane) et *slalom* (autour d'obstacles).

Évolution

Lorsque le skateboard a perdu sa cote de popularité à la fin des années 1970, les règles régissant ce sport se sont aussi effritées. Le truc le plus important qui a été inventé au cours de cette période est le *flat ground ollie*, soit le ollie sur surface plane (voir page 16). C'est Alan Gelfand qui a inventé le ollie ou *hands-free aerial*, soit la figure aérienne mains libres, dans un skate-park ; ce qui n'a pas empêché ce truc de révolutionner aussi le monde du skateboard de rue. Sans ollie, le skateboard ne serait jamais devenu le sport qu'il est aujourd'hui.

OLLIE GRIND

Paul Silvester se sert d'un ollie (voir page 16) pour amorcer un *grind* le long d'une rampe de skate-park.

LA PLANCHE IDÉALE

Dans les trois films de la série *Retour vers le futur*, Michael J. Fox incarne Marty McFly. Dans le second film, il se déplace sur une planche aéroglisseur futuriste pour éviter les pépins !

Bravo Hollywood

Les lettres de noblesse du skateboard se sont remises à briller à la fin des années 1980, particulièrement du côté du skateboard de rue. Plusieurs films ayant remporté un franc succès ont fait honneur au skateboard de rue, y compris *Retour vers le futur* et *Police Académie*, augmentant d'autant plus la popularité du sport de par le monde. De plus en plus de planchistes ont adopté le skateboard de rue qui ne requiert qu'une planche... et une rue.

TONY HAWK
Tony Hawk montre à la foule une figure aérienne, soit un *backside air*.

Hawk et les X-Games

À la fin des années 1990 est née une nouvelle compétition. Les X-Games qui présentaient, parmi d'autres sports extrêmes, le skateboard, le BMX et le patin à roues alignées à un auditoire global de plusieurs millions d'amateurs. Tony Hawk est devenu une star de la télévision et le nom le plus connu du monde du skateboard. Tony a endossé un jeu informatique sur le skateboard qui a remporté un succès énorme, ce qui a encouragé toute une génération à pratiquer le sport.

GUIDE no 1

La plupart des magazines et des fabricants de planches produisent des vidéo-cassettes.

POPULARITÉ DU SKATEBOARD SUR VIDÉO

Stacey Peralta est un des premiers planchistes à gagner sa croûte grâce au skateboard dans les années 1970. Il a aussi produit les premiers vidéos *Bones Brigade* sur le skateboard qui présentaient un jeune Tony Hawk. Pour voir ce que le skateboard a de mieux à proposer, réalisé par des experts, recherchez *Video Days* de Blind datant de 1991 et *Questionable* de Plan B (1992). Même s'ils datent de plus de 10 ans, les prestations de skateboard présentées dans ces films sont aussi sensationnelles aujourd'hui qu'elles l'étaient à l'époque.

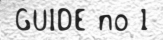

11

Les quatre principales portions d'un skateboard demeurent les mêmes depuis plus de 20 ans. La planche (deck), les blocs-essieux (trucks), les roulements à bille (bearings) et les roues sont les mêmes puisqu'ils ne peuvent tout simplement pas être améliorés !

La planche (deck)

La pièce du skateboard sur laquelle tu te tiens – la planche – est fabriquée de bois d'érable canadien laminé. On utilise ce bois plutôt que tout autre parce qu'il est flexible et spongieux. Au fur et à mesure que le skateboard est devenu plus technique et qu'il s'est davantage appuyé sur les trucs, les adeptes ont exigé des roues plus petites qui étaient plus faciles à contrôler. La plupart des designs de grandes planches étranges qui était apparues au début des années 1980 avait d'ailleurs disparues au début des années 1990. La forme droite appelée *lollipop*, soit la forme d'une sucette, est devenue la norme de l'industrie. Une forme beaucoup mieux adaptée aux besoins du skateboard moderne que les anciennes planches à queue de poisson !

PLANCHE DE DESIGNER
Plusieurs fabricants de planches détiennent des designs uniques qui agrémentent leurs planches.

Les chariots *trucks*

Le chariot est le mécanisme de la roue : c'est une pièce essentielle de la planche. Ces chariots sont devenus plus légers et plus petits avec le temps. L'étrier retient l'essieu auquel les roues sont fixées. C'est aussi la surface sur laquelle tu peux *grinder*. Des caoutchoucs - ou oeillets - se trouvent chaque côté de l'étrier et permettent au chariot de tourner. La cheville d'attelage (*kingpin*) est en fait un boulon. Elle passe au travers des caoutchoucs et de l'étrier pour se fixer à la plaque de base sur une cuvette à pivot en plastique. La plaque de base est boulonnée à la planche et retient les chariots ensemble.

Essieu

Cheville d'attelage (Kingpin)

Caoutchoucs

Étrier

Plaque de base

Planche

ÉLÉMENTS GRAPHIQUES

Des éléments graphiques individuels – comme ce crâne agrémenté des os en croix et du code barre – pour un look génial. En plus, ta planche sera d'autant plus facile à retrouver si elle a été perdue ou volée, grâce à ce look unique.

Bande antidérapante (griptape)
Une matière autocollante qui ressemble à du papier sablé et qui est collée sur la planche pour permettre une meilleure adhérence des pieds à la planche.

Chariot (truck)

Roues

Frank Nasworthy, originaire de Californie, est l'inventeur des roues de plastique en polyuréthanne. Une découverte réalisée il y a environ 30 ans. Depuis ce jour, elles sont installées sur presque toutes les planches qui existent ! Les roues sont offertes en différents formats et poids. La majorité des planchistes d'aujourd'hui choisit des roues qui mesurent minimalement 50 mm. La lecture du duromètre est une mesure de la dureté du polyuréthanne. Des roues plus dures conviennent généralement mieux aux surfaces les plus inégales. La plupart des roues indique une lecture entre 95 et 100 au duromètre.

Roulements à bille

Écrou hexagonal

e de polyuréthanne

Techniques de base

Avant même de penser à réaliser des trucs de base, les apprentis planchistes devraient apprendre les rudiments de la planche : se tenir debout, pousser et tourner.

Les planchistes **goofy** sont ceux dont le pied droit est placé en avant sur la planche.

Les planchistes **réguliers** sont ceux dont le pied gauche est placé en avant.

Positions

Il existe deux positions pour pratiquer le stateboard – 'régulier' et 'goofy'. Chaque personne a sa position, celle dans laquelle elle est le plus confortable ; c'est comme être droitier ou gaucher.

La meilleure façon de trouver sa position est de se tenir debout sur la planche. Tu verras rapidement si tu es un régulier ou un goofy !

ROULER EN DOUCEUR

Fléchis toujours les genoux lors- que tu te tiens sur la planche.

La poussée

Place le pied avant sur la planche, les orteils vers le nez de la planche. Laisse ton pied arrière sur le plancher et pousse-toi doucement. Au fur et à mesure que ton pied arrière complète son mouvement de poussée vers l'arrière, transfère ton poids sur le pied avant. Alors que tu commences à avancer, tourne ton pied avant afin qu'il soit à l'horizontale par rapport à ta planche, et place ton pied arrière sur le talon de la planche.

IMPULSION

Commence sur une surface lisse de niveau, et pratique la poussée jusqu'à ce que tu sois suffisamment confiant. L'apprentissage de la technique de poussée, comme tout autre apprentissage, prend du temps.

GUIDE no 2

COMMENT RÉALISER UN *KICKTURN*

Transition sur quart de U.

KICKTURNS

Trouve une pente douce ou une quart de U (oui, un quarterpipe) à ton skate-park. Pousse-toi doucement vers la transition (portion incurvée). Alors que tu atteins le haut de la pente, tourne tes épaules, soulève tes roues avant et effectue un virage à 180 degrés qui te permet de faire face à la direction opposée. Et laisse toi rouler.

QUARTERPIPE

Un *quarterpipe*, c'est tout simplement un quart de U, soit une petite rampe dont la pente est douce.

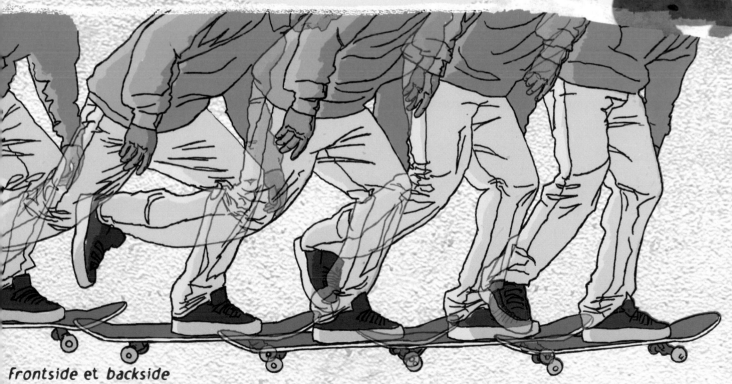

frontside et *backside*

Frontside (avant côté) et *backside* (arrière côté) réfèrent à la direction du *kickturn* (ou de tout autre truc). Si tu réalises un *kickturn* alors que ton dos fait face au quart de U, c'est un *backside kickturn*. Si tu effectues le virage alors que ta poitrine fait face à la plateforme, tu réalises alors un *frontside kickturn*. Comme plusieurs trucs et techniques relatifs au monde du skateboard, ces termes sont empruntés au monde du surf.

Le ollie

Le *ollie* est sans contredit le truc le plus important que tu peux apprendre. Presque toutes les manoeuvres qui peuvent être réalisées à l'aide d'une planche comprennent un ollie. C'est un truc difficile à apprendre dont la maîtrise nécessite beaucoup de pratique.

Le ollie - la technique

Si tu en es à tes débuts en matière de ollie, tu as tout intérêt à pratiquer sur une surface molle comme un tapis ou du gazon, ceci te permettra de réduire les risques de prunes et d'ecchymoses!

3 Adopte une position recroquevillée et soulève le talon de ta planche grâce à ton pied arrière. Lance-toi en l'air et positionne ton pied avant pour qu'il glisse à l'avant de la planche.

1 Tiens-toi sur ta planche avec ton pied arrière sur le talon, les orteils collés au rebord. Place ton pied avant à l'horizontale au centre de ta planche. Transfère ton poids du talon vers le nez et ensuite vers le talon.

2 Tout est dans le choix du moment. Tu dois frapper le talon de ta planche contre le plancher avec ton pied arrière et au même moment sauter en l'air, tout en maîtrisant ta planche à l'aide de ton pied avant.

4 Alors que tu soulèves ton pied avant, soulève aussi ton pied arrière pour que ta planche soit de niveau à l'horizontale.

Le ollie - l'historique

Le ollie a été inventé par un planchiste du nom de Alan Gelfand, au début des années 1980. Alain vivait et pratiquait son sport préféré en Floride, aux États-Unis. Et son surnom était Ollie... Voilà d'où vient le nom de ce truc aérien sans mains!

6 Alors que tu ralentis à la fin de ton *grind*, tu réalises un léger ollie pour quitter le rebord.

7 Et comme toujours, tu atterris avec les quatre roues à la fois.

🏁 NOSEGRIND

Le *nosegrind* (glisser sur le nez) est une variation du 50-50, grâce à laquelle tu *grindes* ton chariot avant sur un obstacle.

5 Appuie-toi un peu plus vers l'arrière, ressens bien ton *grind* et reste détendu, tout en gardant le contrôle. Recule tes pieds sur la planche pour un léger ollie, quitte à *grinder* au besoin.

8 Recroqueville-toi pour absorber l'impact. Et laisse-toi rouler.

3

4

5

6

1 Place tes pieds en position ollie et approche-toi de l'obstacle. **2** Réalise un ollie et monte sur l'obstacle. **3** Effectue une rotation de 90 degrés. **4** Atterris sur le centre de ta planche. **5** Tourne tes épaules et descend au bout de l'obstacle en faisant face vers l'avant. **6** Atterris les quatre roues au sol à la fois. Et laisse-toi rouler.

🏁 GRIND SUR RAMPE

Un planchiste qui adapte le *boardslide* pour la rue. Plus précisément un *frontside boardslide*, soit un glissé de la planche côté avant, sur une rampe d'escalier.

Planche pour experts

Les planchistes professionnels s'inspirent, pour leur style, de trois techniques de base : *bowl*, *freestyle* (style libre) slalom. Dis-toi que même les meilleurs sont tombés lorsqu'ils ont commencé à pratiquer le sport.

Progression

La principale différence entre un planchiste débutant et un planchiste expert est le choix des obstacles. Les débutants ont tendance à s'en tenir au *grind* sur les bords de trottoirs et à la pratique sur un petit quart de U au skate-park. Alors qu'un expert s'attaquera aux obstacles les plus gros, les plus effrayants et les plus étranges. Les planchistes tentent de progresser continuellement afin d'amener le sport à dépasser de nouvelles limites. Une fois les trucs de base maîtrisés, tu peux t'aventurer sur de nouvelles surfaces excitantes.

☠ GRIND SUR RAMPE D'ESCALIER
Le planchiste professionnel canadien Rick McCrank effectue un *nosegrind* le long d'une rampe à Londres.

☠ DOUG
Un planchiste professionnel, connu sous le simple nom de Doug, agrippe un *frontside* aérien en Oregon, aux États-Unis.

Technique du *switch*

Un des trucs qui requiert le plus de talent, mais que l'on voit très peu, est le *switch*. Ça signifie rouler et réaliser des trucs dans la position la moins naturelle qui soit pour toi, c'est-à-dire goofy si tu es régulier, et régulier si tu es goofy. Le switch est étrange quand tu l'essaies les premières fois, un peu comme essayer d'écrire avec la mauvaise main.

Mais il te permettra de changer et d'améliorer ta technique et, si tu pratiques beaucoup, tu en viendras à maîtriser deux fois plus de trucs !

☠ FLIP 360°
Vaughan Baker pratique le skateboard pour la compagnie Blueprint. Ici, on le voit réaliser un flip 360 dans des escaliers.

✦ ET ÇA MONTE

Le planchiste professionnel Blayney Hamilton effectue un ollie pour monter quelques marches. C'était en 2002, en Irlande.

Souviens-toi ! Le ollie est un truc très difficile à apprendre. C'est néanmoins grâce au ollie que tu pourras réaliser d'autres trucs. En te concentrant à l'apprentissage et à la maîtrise d'un ollie qui te vaudrait une note de 10 sur 10, tu seras ensuite en mesure de réaliser des manoeuvres beaucoup plus compliquées, et surtout plus spectaculaires.

5 Essaie de demeurer de niveau alors que tu es en l'air ! De cette façon, tu atterriras sur tes quatre roues à la fois, alors que ton poids est équilibré.

6 Atterris doucement en te recroquevillant pour absorber l'impact. Redresse-toi progressivement et continue de rouler.

✦ PLANCHE ALLONGÉE

Un ollie combiné à un *nose grab* (extrémité avant agrippée) sur une planche allongée.

GUIDE no 3

GRABS

✦ ACCROUPI AU MAX

C'est ce qu'on appelle un *tuck-knee*, une variation du *grab indy* de base (voir ci-dessous).

Un ollie peut être réalisé sans mains ou en effectuant un *grab* au point le plus élevé du ollie. Il existe de nombreux *grabs* (ou attrapés) et leurs noms font généralement référence à la partie de la planche que tu attrapes. Voici les *grabs* les plus courants.

Indy – Agripper le côté orteil de la planche avec ta main et ton genoux arrière.

Mute – Agripper le côté orteil de la planche avec ta main et ton genoux avant.

Mélancollie (ou backside grab) – Agripper le côté talon de ta planche avec ta main avant.

Stalefish – Agripper le côté talon de ta planche avec ta main arrière.

Tailgrab – Agripper le talon de ta planche avec ta main arrière.

Trucs intermédiaires

Si tu es à l'aise avec le ollie, tu peux maintenant t'attaquer aux milliers de trucs qui existent. Les trucs suivants sont relativement simples. Ils peuvent pourtant être adaptés, transformés, de milliers de façons. Dans le monde du skateboard comme dans n'importe quel autre sport, il est essentiel d'apprendre les rudiments avant de se lancer.

1 et 2 Approche-toi du rebord avec une légère inclinaison. Adopte une vitesse qui te permet d'être à l'aise, pas une vitesse de course !

3 Effectue un ollie suffisamment haut pour passer par-dessus le rebord. Vise pour que tes chariots atterrissent sur le bord de *grind*.

4 Lorsque les étriers touchent le rebord, transpose ton poids à l'arrière pour absorber l'impact. Assure-toi de ne pas faire un vol plané de ta planche vers l'avant.

GRINDS 50-50

Ce truc a été créé dans des skate-parks. Tu dois pousser avec force les étriers de tes chariots contre une surface dure sur laquelle tu *grindes* pour un moment. Sur la rue, les débutants peuvent pratiquer le 50-50 sur le bord des trottoirs ou sur toute autre surface basse.

GUIDE no 4

KICKFLIPS

Garde ton pied arrière au bout du talon de la planche comme tu le ferais pour un ollie. Ton pied avant devrait être placé juste à l'arrière des écrous du chariot avant, légère-ment en angle, pour te permettre de faire basculer le rebord de la planche. N'essaie pas de placer ton pied avant plus à l'arrière, vers les écrous du chariot arrière. La rotation de ton *kickflip* sera trop proche du sol et lui enlèvera du style.

Presque un ollie
Le kickflip est une variation du ollie puisque sa technique est très similaire.

Boardslides

Le boardslide (faire glisser la planche) est un autre truc créé dans les skate-parks. C'est la manoeuvre grâce à laquelle tu glisses le long d'un rebord, sur le revers (belly) de ta planche. La vitesse ainsi que la longueur de cette manoeuvre de glisse varie selon l'obstacle sur lequel tu décides de glisser.

UN MOT:
PERSONNALISER !
Qui a dit qu'un casque devait être uniforme et ordinaire ? Ajoutes-y des autocollants et des dessins !

Casques

Tu auras besoin d'un casque si tu apprends les rudiments du skateboard sur une rampe verticale ou dans un grand parc en béton. Tu dois t'assurer que le casque s'ajuste correctement et qu'il est muni d'une couche de mousse et d'une courroie au menton. Une boutique spécialisée dans le skateboard te proposera les casques qui conviennent le mieux.

Certains *skate-parks* exigent le port d'équipement de protection, d'autres pas. Vérifie toujours avant de monter sur ta planche.

Protège-poignets

Les protège-poignets t'éviteront des entorses aux poignets. Les planchistes cassent souvent leurs poignets. Tu dois donc porter des protège-poignets aussi longtemps que tu ne te sentiras pas suffisamment confiant pour tomber sans te blesser.

BLESSURES COURANTES

Mises à part les coupures et les prunes, l'entorse à la cheville est la blessure de skateboard la plus commune. Elle est souvent causée par un atterrissage lors duquel tout ton poids repose sur un pied, causant à ta cheville enflure et douleur.

Souviens-toi de la règle d'or – G.E.R.C.

Glace – un contenant réfrigérant *(ice pack)* réduira la douleur et l'enflurre.

Élévation – surélève ton pied. Cela contribuera à réduire l'enflure.

Repos – laisse à ton corps le temps de se remettre de la blessure avant de remonter sur ta planche.

Compression – le bandage autour de ta cheville doit être bien serré. C'est une autre façon de réduire l'enflure.

Légendes du skateboard

Comme tous les autres sports, le skateboard détient son lot de légendes et de héros. Ces planchistes se servent de leur habileté et de leur imagination pour repousser les limites et pour influencer des millions de planchistes partout sur la planète.

Tony Hawk

Tony est sans contredit le planchiste le plus populaire de tous les temps. Il a inventé des trucs parmi les plus difficiles de la planche sur 'vert'. Il demeure au top du palmarès des planchistes professionnels sur 'vert' depuis plus de 15 ans. Tony est également un homme d'affaires accompli puisqu'il dirige la compagnie *Birdhouse*, un fabricant de planches, la compagnie Adio, une chaîne de boutiques de chaussures, sans oublier la promotion d'un certain nombre de jeux informatiques.

JOHN RATTRAY

L'horaire de John est très chargé lorsqu'il est question de voyages et de films. On le voit ici réaliser un grind le long d'une rampe dans un parc de Belfast, en Irlande du Nord

TONY HAWK

Les genoux aux épaules, Tony Hawk fait la démonstration d'un superbe *indy* lors d'une présentation publique.

John Rattray

Né et élevé à Aberdeen, en Écosse, le talent brut de John, son style fluide et sa volonté à toute épreuve l'ont transporté très loin de sa ville natale. À ses débuts, il montait sur sa planche pour la compagnie Blueprint du Royaume-Uni. Aujourd'hui, il fait de même pour la compagnie américaine Zero.

Planche sur 'vert'

La pratique du skateboard sur 'vert' ou sur rampe a progressé aussi rapidement que le skateboard de rue. Il y a à peine 20 ans, un saut sur rampe, c'était tout simplement un *grab* 180. Aujourd'hui, on voit fréquemment des planchistes sur 'vert' réaliser des *kickflips* se transformant en *spins* de 360 et 540 degrés. Des figures aériennes peuvent être réalisées aussi haut que 4 mètres. Des millions de spectateurs des quatre coins du monde ont regardé les planchistes lors des X-Games réaliser des *spins* de 720 et même de 900 degrés !

GRAB STALEFISH

Auprès des plus jeunes planchistes, le skateboard sur 'vert' n'est pas aussi populaire qu'il ne l'a déjà été, mais demeure la forme la plus difficile et la plus respectée de la pratique du skateboard. Voici une énorme *grab stalefish* avant côté réalisé aux *Urban Games* de Londres.

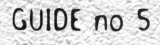

GUIDE no 5

HAMMERS

Les planchistes qui réalisent des cascades, aussi appelés *hammer men*, réalisent des trucs de base sur les obstacles les plus longs, les plus élevés et les plus effrayants qu'ils peuvent trouver. Ces *hammers* sont devenus si populaires que d'immenses rampes d'escaliers, des rangées d'escaliers et toutes sortes de périlleux obstacles sont régulièrement présentés dans les magazines et vidéos de skateboard depuis au moins cinq ans.

REGARDER AVANT DE SE LANCER

La pratique du skateboard à ce niveau avancé peut s'avé-rer très dangereux. Seuls les planchistes expérimentés ont suffisamment de contrôle et d'habiletés pour éviter les blessures graves si tout ne fonctionne pas comme prévu...

SKATEBOARD 21

Équipement de protection et de sécurité

Mis à part les planchistes sur 'vert' (qui s'en prennent aux rampes verticales), la plupart des planchistes professionnels ne portent pas d'équipement de protection. Néanmoins, les débutants devraient toujours porter les quatre principales pièces d'équipement de protection.

C'est comme boucler sa ceinture...

... quand on est en voiture. Les quatre principales pièces d'équipement de protection ont été spécialement conçues pour protéger les parties de ton corps les plus susceptibles de subir les blessures en cas de chute. Le type de protection que tu choisis doit dépendre du type de planche que tu pratiques. C'est une question de gros bon sens. Tu n'as pas nécessairement besoin d'une protection complète si tu pratiques sur une surface plane puisque les différentes protections ont tendance à limiter les mouvements et à rendre l'apprentissage des trucs plus difficile. Les protège-poignets et les protège-genoux sont toutefois essentiels puisqu'il est certain que tu tomberas de temps à autre!

Protège-coude

Tes coudes peuvent être gravement blessés si tu pratiques la planche sur une grosse rampe ou sur une transition de béton. Tout comme les protège-genoux, ils sont faits de néoprène (un type de plastique). Ils se fixent aux bras à l'aide de bandes de velcro.

☠ LA SÉCURITÉ D'ABORD

Lorsqu'il est question de skateboard sur 'vert' un équipement de protection complet est essentiel afin d'éviter les blessures graves.

Protège-genoux

C'est la pièce d'équipement qui est sans contredit la plus utilisée. Une coupole de plastique recouvre ta rotule. Ce qui te permet dans bien des cas de glisser lors de chutes, et donc d'éviter à tes genoux d'absorber tout l'impact.

Skate-parks en bois

La plupart des skate-parks sont équipés d'une gamme de rampes courbées et de demi-tuyaux de différentes tailles. Tu peux rouler sur des mini rampes - des versions réduites des rampes 'vert' grâce auxquelles tu peux apprendre les rudiments. Sur une rampe à arête (spine ramp), deux rampes sont jointes sans plateforme entre les deux. Les rampes 'vert' sont les plus grandes de toutes, et leurs transitions peuvent être carrément verticales. Il existe aussi des virages relevés (banks), des blocs et des barres sur lesquelles performer.

Skate-parks de béton

La pratique du skateboard dans un skate-park de béton est très différente de celle qui se déroule dans un parc en bois. Le béton est une matière beaucoup plus dure que le bois, permettant plus de vitesse et d'adhérence, et aussi beaucoup plus de douleur si tu tombes! Certains parcs de béton son équipés du même type de rampes que celles que l'on retrouve dans les parcs de bois. Seulement, tout y est généralement plus gros, autant les bols (bowls), les virages relevés (banks) et les demi-tuyaux (halfpipes). D'autres recréent les rampes et autres obstacles de la rue. Le skateboard moderne est né dans les parcs de béton dans les années 1970. Tous les planchistes devraient essayer un parc de béton mais sans jamais oublier que ces parcs peuvent s'avérer dangereux pour les débutants.

✊ VIVE LE BOIS

La plupart des concours et autres événements se déroulent sur des installations de bois, comme cette rampe amovible.

✊ CONCEPTION CLASSIQUE

Le skate-park de Marseille, en France, est réputé mondialement pour la douceur de sa surface et la perfection de sa conception.

RÈGLES D'ÉTHIQUE DU *SKATE-PARK*

- N'essaie pas de pratiquer dans un skate-park avant d'avoir maîtrisé les rudiments du skateboard.
- Ne te place pas dans le chemin des planchistes plus expérimentés.
- Ne quitte la section des débutants que lorsque tu es confiant(e).
- Ne t'asseoie pas sur les obstacles – tu entrerais en collision avec d'autres planchistes.
- Tiens-toi à l'écart et suit les lignes au sol pour savoir où traverser et où rouler avec ta planche.

La scène planétaire du skateboard

Le skateboard est un sport populaire mondialement connu c'est pourquoi on retrouve aujourd'hui des skate-parks dans la majorité des grandes villes. Ce sont les endroits par excellence pour obtenir de l'aide et des conseils de pros.

La scène mondiale

Des événements et des compétitions de skateboard se déroulent à un endroit ou à un autre, chaque semaine. Tu devrais donc en trouver facilement, près de chez toi. Tu peux même rassembler des amis et lancer ton propre événement! C'est ce qui fait la beauté du skateboard : il n'y a aucune règle! Les festivals de skateboard, à l'intérieur desquels se déroulent les principales compétitions, sont des endroits parfaits pour rencontrer d'autres planchistes et échanger des idées. il existe aussi de nombreux événement de plus petite envergure qui peuvent s'avérer tout aussi utiles pour apprendre de nouveaux trucs.

AUSTRALIE

Un planchiste de 'vert' dérive vers l'arrière au-dessus d'une énorme rampe verticale de bois, en Australie. Lors de concours, la planche est pratiquée sur tous les types de terrain.

SCÈNE DU ROYAUME-UNI

Le planchiste professionnel Kareem Campbell au beau milieu d'un *flip* au-dessus d'une rampe à Radlands, Northampton, au Royaume-Uni.

Tampa

Dortmund

Marseille

Livingston

Tony Alva

Tony Alva est le grand-père du skateboard moderne. Il a inventé le premier truc aérien, soit le *air frontside* (avant côté aérien). Tony a grandi dans une banlieue de Los Angeles, aux États-Unis, et c'est dans les années 1970 que son style agressif l'a rendu célèbre. Tony a persévéré dans ce sport malgré sa forte baisse de popularité des années 1970 et fut l'une des premières personnes à tenter de faire de la planche dans une piscine creusée vide.

☠ TONY ALVA
Tony Alva a joué dans le film *Dogtown and Z-Boys* qui relate les débuts du skateboard.

☠ DUANE PETERS
Duane a inventé ce truc inversé. Cette tenue vestimentaire était à la fine pointe de la mode dans les années 1980.

Duane Peters

Duane, autre légende californienne, a inventé de nombreux trucs. Il fut d'ailleurs le premier à réaliser un *loop-the-loop* autour d'un tuyau complet, et à faire de la planche à l'envers! Duane est probablement mieux connu à cause de son style rebelle et de ses vêtements colorés. Il est aussi musicien et même s'il est maintenant dans la quarantaine, il remporte toujours du succès avec les prestations de son group punk US Bombs.

Tom Penny

Tom est le planchiste le plus célèbre du Royaume-Uni. Il a déménagé aux États-Unis en 1995 et a inventé avec son collègue planchiste Geoff Rowley un nouveau style relax. Tom est disparu de la scène professionnelle au sommet de la gloire, devenant aussi rapidement une légende.

☠ TOM PENNY
Tom est récemment réapparu dans la vidéo *Sorry* consacrée au skateboard.

Il existe deux principaux types de terrains sur lesquels on peut pratiquer la planche : la rue et le skate-park. Et on compte des milliers d'obstacles différents et de défis à chacun de ces endroits. Sers-toi de ton imagination pour atteindre de nouveaux sommets.

Skate-park

Les skate-parks en bois existent partout dans le monde. Ce skate-park propose des allées (*driveways*), des arêtes (*spines*), des boîtes (*boxes*) et des tremplins (*launches*) à partir desquels tu peux te propulser.

La rue

Quand on parle de rue, cela peut signifier aussi bien la surface plane d'un terrain de stationnement que des escaliers, des rampes ou des blocs de ciment que l'on retrouve dans toutes les villes. Une fois les trucs de base maîtrisés, tu peux facilement transformer un espace inutile en un endroit super plaisant ! Mais il ne faut pas pour autant oublier que le skateboard de rue n'est pas permis partout. Dans certains cas, des lois locales interdisent le skateboard à des endroits bien précis. Assure-toi de respecter l'environnement dans lequel tu te trouves et fais preuve de considération pour ceux qui vivent dans le quartier. Si tu détruis ou salis l'endroit qui te plaît ou que tu y fais des graffitis, tu en perdras presque certainement l'usage.

✊ **VOL URBAIN !**
John Fisher réalise un ollie plutôt que de descendre ces nombreuses marches, à Derby en Angleterre.

Glossaire

aérien

toute manoeuvre qui implique de quitter le sol sur ta planche. Tu peux agripper ta planche pendant une manoeuvre aérienne, faire un ollie, ou réaliser des manoeuvres aériennes dans des piscines, des skate-parks ou sur des rampes.

roulements à bille bearings

de petites bagues de métal installées à l'intérieur de tes roues pour leur permettre de tourner.

bol bowl

obstacle de skateboard qui s'inspire de la forme ovale des piscines extérieures. Les bols existent en différentes formes et tailles et sont généralement faits de béton.

personnaliser

modifier l'apparence de ta planche en y ajoutant des touches personnelles comme des roues, des roulements à bille, des chariots, des autocollants, de la peinture en vaporisateur et une bande antidérapante spéciale, parmi d'autres.

règles d'éthique

règles de conduite non écrite relatives au skateboard; Par exemple, de bien entretenir les endroits où tu fais de la planche, rouler en tenant compte de ton environnement, adopter une attitude amicale et anti-concurrentielle.

flatground

trucs de skateboard qui impliquent le maintien de l'équilibre et les flips sur une surface plane.

fliptrick

un truc qui implique une rotation ou *flip* sur la plan-che. On en compte un nombre énorme de variations, nommées selon le type de rotation ou la technique utilisée.

freestyle (style libre)

première discipline du skateboard s'inspirant de trucs et de sauts sur une surface plane.

grind

faire glisser tes chariots le long d'un rebord rigide.

halfpipe (demi-tuyau)

rampe dotée de deux murs courbés (en transition). Il en existe plusieurs versions et tailles, mais une rampe en forme de U s'appelle toujours un *halfpipe*, soit un demi-tuyau.

polyuréthanne

matière plastique utilisée pour la fabrication des roues de skateboard. Jusqu'à ce que les roues de polyuréthanne soient inventées, les planchistes n'avaient que les roues en argile qui étaient très fragiles et qui ne pouvaient servir sur des surfaces inégales.

professionnel (pro)

planchiste qui gagne sa croûte en pratiquant le skateboard. La plupart des professionnels associent leur nom à leur propre marque de planche, ou encore à des chaussures, des roues ou des vêtements.

position switch

rouler avec ta planche autant en style régulier qu'en style goofy.

transition

arc courbé d'une rampe sur lequel les trucs sont réalisés.

rampe verticale

rampe courbée avec une transition à angle vertical.

LIVI

Livingston, en Écosse est la ville hôte de l'événement 'Pure Fun Skate Party' qui se rédoule en juin et en juillet chaque année dans un immense skate-park de béton que les adeptes ont affectueusement baptisé 'Livi'.

Festivals et compétitions

Parmi les compétitions les plus réputées des États-Unis, celle de Tampa, en Floride. Elle présente des planchistes professionnels et amateurs depuis plus de 10 ans. Contrairement à d'autres festivals, l'événement de Tampa n'est pas exploité par de grandes entreprises, mais plutôt par les plan-chistes eux-mêmes ; des passionnés de leur sport. Dortmund en Allemagne est l'hôte d'une très importante com-pétition européenne de skateboard qui se déroule chaque année en juillet. Ces 'Monster Masterships' attirent les planchistes de partout sur la planète.

MARSEILLE

Marseille, une ville du Sud de la France, possè-de un des parcs de béton les plus appréciés de toute l'Europe. Ce parc avec vue sur la plage attire chaque année des milliers de visiteurs, particulièrement pour le Bowl Riders' Cup qui se déroule début juin. Rends-toi à l'adresse www.skateboardeurope.com pour obtenir des détails et connaître les dates.

Les magazines traitant du skate-board, les sites web et les vidéos débordent de renseignements sur absolument tout, des compétitions jusqu'aux nouveaux endroits où il est possible de pratiquer le sport. En voici seulement quelques-uns, parmi la gamme disponible.

MAGAZINES ET PÉRIODIQUES

Sidewalk

Magazine britannique sur le skateboard qui prend également racine sur la scène du Royaume-Uni. Présente aussi les aspects européens et américains du sport.

Sugar

Magazine français de grande qualité sur le skateboard s'attardant à toute la scène européenne.

Transworld Skateboarding

Magazine américain sur papier glacé proposant de très nombreuses photos des plus grands professionnels.

Thrasher magazine

Autre magazine américain s'intéressant à la culture du skateboard, aux modes et aux différents styles de pratique du sport.

Skateboarder magazine

Magazine américain sur le skateboard très bien écrit - le choix du planchiste qui réfléchit...

ÉVÉNEMENTS INTERNATIONAUX

Europe :

Dortmund, Allemagne 'Monsterships'.

Rends-toi à l'adresse www.skateboardeurope.com.

Lausanne, Suisse, Championnats mondiaux bi-annuels.

Rends-toi à l'adresse www.skateboardeurope.com.

Marseille, France, Bowlriders' Cup.

Rends-toi à l'adresse www.skateboardeurope.com.

Livingston, Écosse, Pure Fun Skate party.

Rends-toi à l'adresse www.sidewalkmag.com pour consulter la liste des événements du Royaume-Uni.

États-Unis :

Tampa Pro/Am series.

Rends-toi à l'adresse www.skateparkoftampa.com pour connaître les détails.

SITES WEB

www.skateboardeurope.com

www.skateboarding.com

www.thrashermagazine.com

www.pendrekmagazine.com

www.sidewalkmag.com

www.skateboardermag.com

Toutes les adresses Internet proposées dans ce livre étaient fonctionnelles au moment d'aller sous presse. Toutefois, en raison de la constante évolution d'Internet, il est possible que certaines adresses aient changé et que des sites aient cessé d'exister depuis cette publication. Même si l'auteur et les éditeurs sont désolés de tout inconvénient qui pourrait être causé aux lecteurs, aucune responsabilité n'est assumée face à ces changements par l'auteur ou par les éditeurs.